MASTERY DEL RETARGETING

Mastery del Retargeting

Conquistando Ventas con Estrategias en Línea

B. VINCENT

RWG Publishing

CONTENTS

| 1 |

Capítulo 1: Comprendiendo el Retargeting: Lo Básico y Más Allá

Cuando se trata de estrategias de marketing, el retargeting es una de las más importantes para las empresas que desean aumentar sus ventas en línea. Dirigirse a las personas que han interactuado con tu sitio web o marca en el pasado y mostrar anuncios específicos para ellos con el fin de incitarlos a volver y realizar una compra es lo que implica participar en el retargeting.

Colocar un pequeño fragmento de código, conocido como píxel, en tu sitio web es el primer paso en el retargeting, y también es el paso más fundamental. Este píxel registra información sobre las acciones realizadas por los visitantes, como las páginas web que ven y los artículos que agregan a su carrito de compras. Utilizando esta información, podrás crear anuncios dirigidos para aquellos visitantes que aparecerán cuando estén utilizando motores de búsqueda, plataformas de redes sociales u otros sitios web.

Sin embargo, el retargeting no se limita simplemente a seguir a los visitantes por la web y mostrarles anuncios. El objetivo es utilizar datos para crear experiencias personalizadas adaptadas a los requisitos de cada cliente individual y aumentar las ventas. Para lograr esto, las empresas deben ir más allá de lo básico y comprender los diferentes tipos de estrategias de retargeting y cómo cada una de estas estrategias puede usarse para involucrar a los clientes.

El uso del retargeting dinámico es un ejemplo de una estrategia efectiva de retargeting. Esta estrategia implica la creación de anuncios que muestran los productos específicos que los visitantes del sitio web vieron en tu sitio o agregaron a sus carritos de compras. Los clientes siempre verán la información más reciente sobre tus productos cuando utilices el retargeting dinámico, ya que utiliza feeds de productos para mantener los anuncios actualizados en tiempo real. Esta táctica es especialmente útil para las empresas de comercio electrónico, ya que tiene el potencial de reducir la cantidad de clientes que abandonan sus carritos de compras y aumentar las ventas en general.

El retargeting secuencial es otra táctica importante que no debe pasarse por alto. Esto implica mostrar una serie de anuncios a los clientes adaptados a sus acciones mientras visitan tu sitio web. Por ejemplo, podrías mostrar a un visitante un anuncio de un producto que vieron en tu sitio web, seguido de un anuncio que ofrece un código de descuento para ese producto y, finalmente, un anuncio que crea una sensación de urgencia al resaltar que el producto está agotándose. Puedes desarrollar una relación con los clientes potenciales y alentarlos a realizar una compra utilizando el retargeting secuencial para enviarles anuncios dirigidos en una serie.

Además de estas estrategias, las empresas también pueden utilizar el retargeting para dirigirse a subconjuntos particulares de la audiencia a la que se dirigen. Por ejemplo, podrías crear anuncios dirigidos a clientes que han eliminado elementos de sus carritos de compras o que han vuelto a tu sitio web en múltiples ocasiones pero aún no han realizado una compra. Puedes aumentar la probabilidad de que las personas de estos grupos regresen a tu sitio web y realicen una compra desarrollando anuncios específicamente dirigidos a estos grupos.

Comprender los fundamentos del retargeting en general es esencial para cualquier empresa que quiera aumentar la cantidad de dinero que obtiene a través de las ventas en línea. Pero para dominar verdaderamente el retargeting, debes ir más allá de lo básico e investigar las diversas estrategias y métodos que pueden ayudarte a involucrar a tu audiencia y aumentar las conversiones. Solo entonces podrás considerarte un maestro. Podrás generar experiencias personalizadas para tus clientes, lo que satisfará sus requisitos y aumentará las ventas de tu empresa.

| 2 |

Capítulo 2: Construyendo una Base Sólida: Configurando tu Campaña de Retargeting

Cuando se trata de llevar a cabo campañas de retargeting exitosas, es absolutamente necesario establecer una base sólida. Es posible que tus campañas no produzcan los resultados que estás buscando si no están adecuadamente planificadas y organizadas. En el siguiente capítulo, repasaremos las acciones principales que deben llevarse a cabo para construir una base sólida para tu campaña de retargeting.

El primer paso es determinar tus objetivos.

Establecer tus objetivos es lo primero que debes hacer para construir una base sólida para tu iniciativa de retargeting. ¿Cuáles son algunos de los objetivos que esperas lograr con esta campaña? ¿Quieres aumentar la cantidad de personas que visitan tu sitio web, atraer nuevos prospectos o impulsar más ventas? Podrás determinar las mejores estrategias de retargeting para alcanzar tus metas si primero identificas esos objetivos.

Instala el Píxel de Retargeting como Segundo Paso

Después de haber decidido lo que deseas lograr, el siguiente paso es colocar un píxel de retargeting en tu sitio web para que puedas rastrear a los visitantes después de que se vayan. Este píxel, que es un fragmento muy pequeño de código, monitorea las acciones realizadas por las personas que visitan tu sitio web. Instalar el píxel te permite recopilar datos útiles sobre las acciones de los visitantes, que luego se pueden usar para generar anuncios más específicos.

Paso 3: Define a tu Audiencia Objetivo

Tu capacidad para definir a tu audiencia objetivo será el factor determinante en el éxito o fracaso de tu campaña de retargeting. ¿A quiénes exactamente esperas llegar con tus anuncios? Podrás crear anuncios que se adapten a los intereses y requisitos específicos de tu público objetivo si primero identificas a ese público. Puedes definir a tu audiencia objetivo utilizando datos obtenidos del píxel de retargeting, además de datos obtenidos de otras fuentes, como demografía y comportamiento de los clientes.

Paso 4: Construye el Contenido Creativo de tu Anuncio

Lo siguiente que debes hacer es trabajar en el contenido creativo de tu anuncio. Tus anuncios deben ser atractivos visualmente, interesantes de leer y pertinentes para las personas a las que intentas llegar. Puedes crear contenido creativo efectivo utilizando una variedad de estrategias, como anuncios de productos dinámicos, mensajes personalizados y contenido visualmente cautivador que capte la atención de la audiencia.

Paso 5: Establece tu Presupuesto y Estrategia de Puja

Antes de comenzar con tu campaña de retargeting, debes determinar tu límite de gasto y tu enfoque para la puja. ¿Cuál es la cantidad máxima que estás dispuesto a gastar en tu campaña y cuál es la cantidad máxima que estás dispuesto a pujar por cada impresión de anuncio? Tu presupuesto y estrategia de puja variarán según tus objetivos, la demografía de tu audiencia y el nivel de competencia en tu sector.

Lanzar y Supervisar tu Campaña es el Sexto Paso.

Podrás comenzar tu campaña de retargeting tan pronto como hayas terminado los pasos anteriores. Es importante supervisar el rendimiento de tu campaña mientras se ejecuta para poder realizar los ajustes necesarios. Puedes evaluar la eficacia de tu campaña utilizando métricas como las tasas de clics, las tasas de conversión y el retorno de la inversión en publicidad, y luego hacer ajustes para mejorar el rendimiento general de la campaña en función de tus hallazgos.

Podrás establecer una base sólida para tu campaña de retargeting si sigues estos pasos al pie de la letra. Tendrás la capacidad de desarrollar campañas de marketing exitosas para tu empresa si comprendes a fondo tus objetivos, tu público objetivo, el contenido creativo de tus anuncios, tu presupuesto y tu estrategia de puja. Estos elementos te permitirán generar resultados que impulsen las ventas.

| 3 |

Capítulo 3: Dirigiéndote a la Audiencia Correcta: Identificando a tu Cliente Ideal

Dirigirse a la audiencia adecuada es uno de los aspectos del retargeting que se considera entre los más importantes. Es poco probable que tu campaña de retargeting sea tan exitosa como desearías si no tienes una comprensión cristalina de tu cliente ideal. En este capítulo, discutiremos los pasos clave involucrados en la identificación de tu cliente ideal y en dirigirte a ellos con tu campaña de retargeting. Tu cliente ideal es la persona que tiene más dinero para gastar en tu producto o servicio.

Primero, necesitarás definir a tu cliente ideal.

Desarrollar una persona del cliente debería ser lo primero que hagas al tratar de determinar quién es tu cliente ideal. Esta persona representa a tu cliente ideal e incluye información demográfica como edad, género, ubicación e ingresos, así como información psicográfica como intereses, valores y comportamientos. Además, esta persona incluye información sobre la demografía del cliente. El desarrollo de una persona del cliente permite la creación de anuncios específicamente orientados a las preferencias y necesidades particulares de los clientes.

Paso 2: Determina Quiénes son tus Clientes Ideales Analizando los Datos

Después de crear tu persona del cliente, el siguiente paso es identificar a tu audiencia objetivo utilizando los datos a tu disposición. Para recopilar información sobre tu audiencia, puedes utilizar una amplia variedad de fuentes de datos, como análisis de sitios web, encuestas a los clientes y las percepciones proporcionadas por las redes sociales. Las características de tu audiencia objetivo, como su comportamiento de navegación, historial de compras e intereses, se pueden determinar con la ayuda de los datos presentados aquí.

Paso 3: Segmenta tu Audiencia

Una vez que hayas determinado cuál es tu demografía objetivo, el siguiente paso es categorizar a cada miembro de esa demografía. Al segmentar a tu audiencia, la divides en diferentes grupos según las características que comparten. Por ejemplo, podrías dividir a tu audiencia en segmentos según sus compras anteriores, sus hábitos de navegación o su información demográfica. Podrás crear anuncios que se adapten a los requisitos e intereses específicos de cada segmento de tu audiencia si primero los segmentas.

Crear Audiencias Personalizadas es el cuarto paso.

La creación de audiencias personalizadas es un método adicional eficiente que puedes utilizar para enfocarte en tu cliente ideal. Las audiencias personalizadas son grupos de personas que ya han interactuado con tu marca de alguna manera, como al visitar tu sitio web, suscribirse a tu boletín informativo o realizar una compra. Luego, puedes dirigirte a estas personas con anuncios específicos para sus intereses. A través del uso de audiencias personalizadas, puedes generar anuncios altamente personalizados y pertinentes para los intereses de la audiencia objetivo.

Paso 5: Utiliza Audiencias Similares

Además de las audiencias personalizadas, puedes dirigirte a nuevos clientes que comparten características similares con tu audiencia existente utilizando audiencias similares, si deseas ampliar tu base de clientes. Las audiencias similares se crean realizando un análisis de las características de tu audiencia actual y localizando personas que tienen características similares a las de tu audiencia existente. Puedes llegar a nuevos clientes que probablemente estén interesados en tu marca si te diriges a audiencias similares a las que ya tienes.

El sexto paso es monitorear y ajustar continuamente tu estrategia de segmentación.

Después de establecer tus campañas de retargeting y determinar tu audiencia objetivo, es esencial monitorear y mejorar continuamente tu estrategia de segmentación para maximizar su efectividad. Puedes evaluar la efectividad de tus campañas y hacer ajustes según sea necesario utilizando métricas como tasas de clics, tasas de conversión y retorno de la inversión en publicidad. Puedes asegurarte de que las personas adecuadas están siendo alcanzadas por tus campañas de retargeting y que están produciendo resultados para tu empresa si trabajas continuamente en mejorar la estrategia de segmentación que utilizas.

Cuando se trata de retargeting, una de las cosas más importantes que puedes hacer es descubrir quién es tu cliente ideal. Podrás diseñar campañas exitosas que lleguen a las personas adecuadas y generen resultados para tu empresa si defines la persona de tu cliente, utilizas datos para identificar tu audiencia objetivo, segmentas tu audiencia, creas audiencias personalizadas y similares, y refinan continuamente tu estrategia de segmentación.

| 4 |

Capítulo 4: Maximizando tu Inversión en Anuncios: Estrategias de Presupuesto y Puja

Cuando se trata de retargeting, es esencial aprovechar al máximo el dinero que inviertes en publicidad. Quieres asegurarte de que tus anuncios sean vistos por la audiencia adecuada y generen resultados para tu empresa. En este capítulo, repasaremos las estrategias clave de presupuesto y puja que te permitirán obtener el máximo provecho de tus dólares publicitarios.

Paso 1: Determina tu Presupuesto

Establecer un límite de gasto es lo primero que debes hacer para aprovechar al máximo tus dólares publicitarios. ¿Qué tipo de presupuesto tienes en mente para la campaña de retargeting que deseas realizar? Tu presupuesto se determinará según los objetivos generales de marketing que tengas para tu empresa, así como el tamaño de tu empresa. Es fundamental establecer un plan de gastos que esté en línea con tus recursos y te permita comunicarte con las personas a las que deseas llegar sin quebrantar tu presupuesto.

Paso 2: Selecciona tu Enfoque Preferido para el Proceso de Puja

Lo siguiente que debes hacer es elegir una estrategia para tu puja. El proceso de determinar cuánto estás dispuesto a pagar por cada impresión de anuncio se conoce como puja. Tienes varias opciones disponibles cuando se trata de estrategias de puja, como costo por clic (también escrito como CPC), costo por mil impresiones (también escrito como CPM) y costo por acción (CPA). Dado que cada estrategia de puja tiene ventajas y desventajas, es fundamental seleccionar la que mejor se adapte a tus objetivos y limitaciones financieras.

Paso 3: Modifica tus Ofertas Según su Desempeño

Después de haber comenzado tu campaña de retargeting, es esencial hacer ajustes a tus ofertas en función de cómo está funcionando la campaña. Si tus anuncios están teniendo un buen rendimiento, deberías considerar aumentar tus ofertas para comunicarte con una audiencia más amplia. Si tus anuncios no están funcionando tan bien como esperabas, podrías considerar reducir tus ofertas o modificar tu enfoque de segmentación.

El siguiente paso es ajustar los límites de frecuencia.

Establecer límites de frecuencia es otra estrategia esencial que puede ayudarte a aprovechar al máximo tu presupuesto publicitario. Los límites de frecuencia regulan la cantidad de veces que una persona verá tu anuncio. Puedes prevenir la fatiga de anuncios y reducir el compromiso con tu audiencia limitando la frecuencia con la que se muestran tus anuncios. Esto se puede lograr mediante el uso de límites de frecuencia.

Paso 5: Utiliza la Programación de Anuncios

El proceso de programar cuándo aparecerán tus anuncios se puede dividir en momentos específicos del día o días de la semana. Puedes asegurarte de que tus anuncios se muestren en los momentos del día en que tu audiencia objetivo es más probable que esté en línea utilizando una herramienta llamada programación de anuncios. Esto puede ayudar a aumentar el compromiso y aprovechar al máximo el dinero que inviertes en publicidad.

Paso 6: Realiza un Seguimiento de los Resultados de tus Anuncios

Por último, pero no menos importante, es esencial realizar un seguimiento del rendimiento de tus anuncios para garantizar que tus campañas de retargeting estén produciendo resultados fructíferos para tu empresa. Puedes evaluar la efectividad de tus campañas y hacer ajustes según sea necesario utilizando métricas como tasas de clics, tasas de conversión y retorno de la inversión en publicidad.

Cuando se trata de retargeting, es esencial aprovechar al máximo el dinero que inviertes en publicidad. Puedes desarrollar campañas de marketing exitosas para tu empresa al determinar tu presupuesto, seleccionar la estrategia de puja adecuada, modificar tus ofertas según el rendimiento, establecer límites de frecuencia, utilizar la programación de anuncios y monitorear el rendimiento de tus anuncios. Estos pasos te permitirán conectar con las personas adecuadas y generar resultados para tu empresa.

| 5 |

Capítulo 5: Creando Anuncios de Retargeting Efectivos: Consejos de Redacción y Diseño

Es esencial crear anuncios de retargeting efectivos si deseas obtener resultados y maximizar la eficacia de tu inversión en publicidad. Tus anuncios deben ser atractivos visualmente, interesantes de leer y pertinentes para las personas a las que intentas llegar. En esta sección, repasaremos algunos de los consejos de redacción y diseño más importantes que te ayudarán a desarrollar anuncios de retargeting efectivos.

Primer Consejo: Utiliza Imágenes Llamativas

Utilizar imágenes llamativas es el primer paso para llevar tus anuncios de retargeting de buenos a excelentes. Tus anuncios deben destacarse del resto y captar la atención de las personas a las que intentas llegar. Puedes hacer que tus anuncios sean visualmente más atractivos al incorporar diversos elementos visuales, como colores vibrantes, imágenes de alta calidad y tipografía audaz.

Consejo 2: Asegúrate de que tus Mensajes sean Comprensibles y Breves

Cuando se trata de redacción de copias para anuncios de retargeting, es fundamental asegurarte de que tus mensajes sean claros y concisos. Tus anuncios deben transmitir tu mensaje en pocas palabras o frases para evitar abrumar a las personas a las que intentas llegar con una cantidad excesiva de información. Utiliza titulares concisos y llamativos, así como llamados a la acción, para fomentar los clics y las conversiones.

Utiliza Creatividad Personalizada y Dinámica, como Tercer Consejo

La personalización y la creatividad dinámica son dos métodos adicionales útiles para los anuncios de retargeting. La personalización implica adaptar tus anuncios a las preferencias y acciones de tu audiencia objetivo. La creatividad dinámica consiste en utilizar feeds de productos para crear anuncios que muestren productos específicos que tu audiencia objetivo haya visto o agregado al carrito. La personalización y la creatividad dinámica pueden generar anuncios altamente relevantes para tu audiencia objetivo y aumentar la probabilidad de conversión.

El cuarto consejo es resaltar tu Propuesta Única de Venta (USP)

Tu Propuesta Única de Venta, también conocida como USP, es el aspecto de tu marca que la diferencia de otras en su industria. Es fundamental resaltar tu Propuesta Única de Venta en los anuncios que uses para retargeting si deseas aumentar los clics y las conversiones. Asegúrate de que el mensaje que uses transmita a tu audiencia objetivo por qué tu marca es especial y por qué deberían interesarse en ella.

1. Utiliza un Sentido de Urgencia y Escasez

Utilizar un sentido de urgencia y escasez es otra estrategia poderosa para desarrollar anuncios de retargeting efectivos. Para crear un sentido de urgencia que motive a tu audiencia objetivo a tomar acción, puedes utilizar frases como "oferta por tiempo limitado" o "hasta agotar existencias". Esto se puede lograr a través del uso de la palabra "urgencia". El marketing de escasez implica resaltar el hecho de que un producto o servicio en particular tiene un suministro limitado. Esto puede generar una sensación de urgencia y alentar a los consumidores a realizar compras.

Consejo Número 6: Analiza y Mejora el Rendimiento de tus Anuncios

En conclusión, es fundamental probar y mejorar el rendimiento de tus anuncios de retargeting para garantizar que sean productivos para tu empresa. Puedes realizar múltiples pruebas con diferentes versiones de tus anuncios, como aquellos con imágenes o titulares diferentes, para determinar cuál es el más exitoso. También puedes evaluar la eficacia de tus anuncios utilizando métricas como tasas de clics y tasas de conversión, y realizar ajustes según sea necesario.

En resumen, crear anuncios de retargeting efectivos es esencial si deseas obtener resultados y aprovechar al máximo tu presupuesto publicitario. Puedes crear campañas publicitarias exitosas que involucren a tu audiencia objetivo y generen resultados para tu negocio mediante el uso de imágenes llamativas, manteniendo tus mensajes claros y concisos, utilizando personalización y creatividad dinámica, resaltando tu Propuesta Única de Venta (USP), utilizando urgencia y escasez, y probando y optimizando tus anuncios.

Capítulo 6: Pruebas A/B: Optimización de tus Anuncios para Conversiones Máximas

La prueba con el método A/B es una estrategia esencial para optimizar tus anuncios de retargeting y lograr la tasa de conversión más alta posible. Puedes determinar el mensaje, las imágenes y las estrategias de segmentación más efectivas para tu audiencia objetivo al probar diferentes variaciones de tus anuncios y ver cuáles son los que tienen el mejor rendimiento. En este capítulo, repasaremos los pasos principales involucrados en la realización de pruebas A/B en tus anuncios de retargeting.

Primer Paso: Determinar tus Objetivos de Prueba

Lo primero que debes hacer antes de realizar una prueba A/B en tus anuncios de retargeting es determinar qué deseas aprender de la prueba. ¿Qué esperas aprender a través de la prueba que estás llevando a cabo? ¿Quieres aumentar el número de personas que visitan tu sitio web, aumentar el número de personas que convierten o mejorar tus tasas de clics? Podrás determinar las estrategias de prueba que darán los mejores resultados si primero estableces tus objetivos de prueba.

Paso 2: Determinar las Variables que Vas a Probar.

El siguiente paso es seleccionar las variables que se someterán a prueba. Estos son los aspectos de tu anuncio que serán sometidos a prueba, como el titular, la imagen, el llamado a la acción o la estrategia de segmentación. Es esencial que selecciones variables que probablemente tengan una influencia sustancial en el rendimiento de tu anuncio.

Crear tus Grupos de Prueba es el Tercer Paso

Después de determinar las variables que se someterán a prueba, el siguiente paso es establecer los grupos que se utilizarán para la prueba. Estos son los subconjuntos de personas que serán expuestos a las diferentes iteraciones de tus anuncios. Puedes dividir a tu audiencia en grupos iguales o puedes usar un porcentaje para probar un tamaño de muestra más pequeño.

Paso 4: Poner a Prueba tus Hipótesis

Después de establecer tus grupos de prueba, el siguiente paso es llevar a cabo tus pruebas en sus respectivos entornos. Realizar este paso implica presentar las diferentes iteraciones de tus anuncios a cada grupo y analizar su rendimiento. Puedes evaluar la eficacia de cada variación utilizando métricas como tasas de clics, tasas de conversión y retorno de la inversión en publicidad.

Paso 5: Realizar una Evaluación de tus Resultados

Tras completar tus pruebas, el siguiente paso es realizar un análisis de los resultados. Examina los datos en busca de estructuras repetitivas o tendencias para determinar cuáles variaciones tuvieron el mejor rendimiento. También debes considerar segmentar tus datos según las características demográficas o de comportamiento de tus sujetos para determinar qué grupos respondieron de manera más favorable a cada cambio.

Implementar tu Variación Ganadora es el Sexto Paso.

Implementar la variación ganadora en tu campaña de retargeting es el último paso que debes seguir después de determinar cuál variación tuvo el mejor rendimiento. Utiliza la variación exitosa en futuros anuncios y continúa probando nuevas variaciones para asegurarte de que tus anuncios siempre estén optimizados para el mayor número posible de conversiones.

En resumen, las pruebas A/B son un método esencial para optimizar tus anuncios de retargeting y lograr la tasa de conversión más alta posible. Puedes crear campañas efectivas que involucren a tu audiencia objetivo y generen resultados para tu negocio si primero determinas tus objetivos de prueba, luego seleccionas las variables de prueba, creas tus grupos de prueba, ejecutas tus pruebas, analizas tus resultados y finalmente implementas la variación ganadora.

| 7 |

Capítulo 7: El Poder del Video: Incorporar Anuncios en Video en tu Campaña de Retargeting

Las campañas de retargeting pueden beneficiarse enormemente del uso de anuncios en video. El texto y las imágenes fijas por sí solos no son suficientes para transmitir emociones o contar una historia; sin embargo, el video tiene la capacidad de hacer ambas cosas. En este capítulo, discutiremos las ventajas de incluir anuncios en video en tu campaña de retargeting, así como cómo crear eficazmente anuncios en video para tu campaña.

Ventajas de Usar Anuncios en Video

Incluir anuncios en video como parte de tu campaña de retargeting puede conferir varios beneficios a tu negocio. Algunos de ellos son los siguientes:

Los anuncios en video son mucho más atractivos para los espectadores que los anuncios de texto o imagen. Pueden evocar emociones y captar la atención de una manera que otras formas de publicidad simplemente no pueden hacerlo.

Tasas de Conversión Más Altas en Comparación con Otros Formatos de Anuncio La investigación ha demostrado que los anuncios en video tienen tasas de conversión más altas que otros tipos de anuncios. Tienen el potencial de ofrecer una experiencia más cautivadora que motiva a los espectadores a tomar algún tipo de acción.

Mejora de la Conciencia de Marca El uso de anuncios en video puede ayudar en el desarrollo de una mayor conciencia y reconocimiento de marca. Te permiten contar la historia de tu marca de una manera más convincente.

Crear Comerciales en Video que Funcionen de Manera Efectiva

La producción de anuncios en video que sean exitosos requiere un enfoque metódico. A continuación, te ofrecemos algunas sugerencias para crear anuncios en video efectivos:

Dado que las personas tienen una capacidad de atención tan corta, es esencial que tus anuncios en video sean concisos y vayan al grano. Apunta a una duración de no más de treinta segundos.

Enfócate en la Emoción: Los anuncios en video son herramientas fantásticas para comunicar emociones. Cuando deseas crear una conexión emocional con tu audiencia, las imágenes, la música y la narración son herramientas poderosas.

Muestra en Lugar de Contar: El video es un medio visual; por lo tanto, en lugar de simplemente contarle a tu audiencia sobre tu producto o servicio, muéstrales cómo funciona a través de una demostración.

Incluye una Llamada a la Acción: Cada anuncio en video debe incluir una llamada a la acción correspondiente. Motiva a las personas que están viendo tu contenido a dar el siguiente paso lógico, como visitar tu sitio web o hacer una compra.

Optimiza para la Visualización en Dispositivos Móviles Es importante optimizar tus anuncios para la visualización en dispositivos móviles, ya que muchas personas ven anuncios en video en sus dispositivos móviles. Si incluyes subtítulos o leyendas, tu audiencia debería poder entender tu mensaje incluso cuando el sonido esté apagado.

Los Beneficios de Incluir Anuncios en Video en tu Campaña de Retargeting

El uso de anuncios en video en una campaña de retargeting es una excelente manera de involucrar a la audiencia y generar resultados deseados. A continuación, te ofrecemos algunas sugerencias que pueden ayudarte a incorporar anuncios en video en tu campaña de retargeting:

Tu Audiencia Debe ser Segmentada: Debes segmentar a tu audiencia en función de sus acciones y sus intereses. Esto te permitirá crear anuncios en video específicos para los requisitos e intereses de la audiencia objetivo.

Utiliza la Personalización: Para producir anuncios en video altamente relevantes para tu audiencia objetivo, utiliza la personalización. El retargeting te permite mostrar anuncios en video a tu audiencia que presenten productos que hayan visto anteriormente o que hayan agregado a su carrito de compras.

Selecciona las Plataformas Adecuadas Es importante que selecciones las plataformas adecuadas para tus anuncios en video. YouTube, Facebook e Instagram son todas plataformas fantásticas para anuncios en video; sin embargo, cada una tiene un conjunto único de ventajas y desventajas.

Mide tus Resultados Puedes determinar la eficacia de tus anuncios en video utilizando métricas como el número de vistas, la cantidad de interacción y la tasa de conversión. Utiliza esta información para mejorar tu segmentación y el mensaje que envías.

En resumen, los anuncios en video son un método efectivo para utilizar en campañas de retargeting. Puedes involucrar a tu audiencia objetivo y generar resultados para tu negocio creando anuncios en video poderosos, incorporándolos en tu campaña de retargeting y midiendo la efectividad del impacto de los anuncios en tu audiencia.

| 8 |

Capítulo 8: Retargeting en Redes Sociales: Ganando Ventas con Anuncios de Facebook e Instagram

La práctica de retargeting de usuarios en redes sociales es una estrategia efectiva para aumentar las ventas y conversiones. Facebook e Instagram son dos de las plataformas de redes sociales más populares para las campañas de retargeting, y ambas plataformas ofrecen una variedad de herramientas y características que pueden ayudarte a alcanzar a la audiencia que deseas. En este capítulo, hablaremos sobre las ventajas de retargeting en plataformas de redes sociales y cómo crear anuncios de manera efectiva en Facebook e Instagram.

Las Ventajas del Retargeting en Redes Sociales

Utilizar el retargeting en redes sociales para tus campañas de marketing tiene varias ventajas que aprovechar. Algunas de ellas son las siguientes:

Puedes Alcanzar una Audiencia Más Amplia: Debido a que tanto Facebook como Instagram tienen miles de millones de usuarios, puedes llegar a una audiencia más amplia con estas dos plataformas que con otras.

Segmentación Precisa: Tanto Facebook como Instagram ofrecen a los usuarios una variedad de opciones de segmentación, como segmentación demográfica, segmentación por intereses y segmentación por comportamiento. Gracias a esto, podrás comunicarte de manera efectiva con la audiencia objetivo.

Diversidad de Formatos de Anuncios: Anuncios de imagen, anuncios de video, anuncios en carrusel y una variedad de otros tipos de anuncios son solo algunos de los tipos de anuncios que se pueden comprar en Facebook e Instagram. Esto te brinda la capacidad de seleccionar el formato de anuncio que se adapte mejor a tu mensaje y audiencia de la manera más efectiva.

Creando Anuncios que Funcionen Bien en Facebook e Instagram

Se requiere una estrategia deliberada para crear anuncios que sean exitosos en Facebook e Instagram. Aquí tienes algunas sugerencias para escribir anuncios convincentes:

Elige el Formato de Anuncio Correcto: Para sacar el máximo provecho de tu mensaje y tu audiencia, elige el formato de anuncio que mejor funcione para ti. Por ejemplo, si deseas mostrar varios productos diferentes, podrías seleccionar un formato de anuncio conocido como carrusel.

Utiliza Imágenes Atractivas: Utiliza imágenes de alta calidad que sean atractivas para la audiencia y efectivas para comunicar tu punto. Tu anuncio será más visible si utiliza elementos llamativos como imágenes de alta calidad, tipografía audaz y colores vibrantes.

Mantén Claridad y Brevedad en tus Comunicaciones: Asegúrate de mantener claridad y brevedad en tus comunicaciones. Para fomentar clics y conversiones, utiliza titulares concisos y llamativos, así como llamadas a la acción.

Utiliza Personalización y Creatividad Dinámica: Para crear anuncios que sean altamente relevantes para tu audiencia objetivo, debes utilizar la personalización y la creatividad dinámica. El retargeting te permite mostrar anuncios a tu audiencia que presenten productos que hayan visto previamente en tu sitio web o que hayan agregado a su carrito de compras.

Incorpora una Llamada a la Acción: Cada anuncio debe incorporar una llamada a la acción. Motiva a las personas que están viendo tu contenido a dar el siguiente paso lógico, como visitar tu sitio web o realizar una compra.

La Integración de Anuncios en Facebook e Instagram en tu Campaña de Retargeting

Los anuncios en Facebook e Instagram pueden ser una excelente manera de involucrar a tu audiencia y generar resultados cuando se incorporan en una campaña de retargeting. A continuación, te ofrecemos algunas sugerencias para incorporar anuncios en Facebook e Instagram en tu esfuerzo de retargeting:

Utiliza la Función de Audiencias Personalizadas de Facebook para Crear Audiencias Personalizadas: Puedes utilizar la función de Audiencias Personalizadas de Facebook para crear audiencias personalizadas basadas en el comportamiento e intereses de las personas. Esto te permitirá crear anuncios específicos para los requisitos e intereses de la audiencia objetivo.

Emplea Audiencias Semejantes: La función de Audiencias Semejantes en Facebook te permite conectarte con nuevas personas que comparten características con tus clientes actuales. Esto puede ayudarte a llegar a una audiencia más grande e identificar nuevos clientes que podrían estar interesados en trabajar contigo.

Selecciona la Ubicación Adecuada: Es importante que elijas la ubicación adecuada para tus anuncios. Escritorio, dispositivos móviles y la columna de la derecha son algunas de las diferentes opciones de ubicación disponibles en Facebook e Instagram. Debes decidir la ubicación que sirva mejor tanto a tu mensaje como a tu audiencia.

Mantén un Ojo en tus Resultados: Al evaluar la eficacia de tus anuncios, algunas métricas útiles para observar son las tasas de clics, las tasas de conversión y el retorno de la inversión en anuncios. Utiliza esta información para mejorar tu segmentación y el mensaje que envías.

En resumen, el retargeting en redes sociales es una estrategia efectiva que puede impulsar ventas y conversiones cuando se utiliza correctamente. Puedes involucrar a tu audiencia objetivo y generar resultados para tu negocio si creas anuncios efectivos, los incorporas en tu campaña de retargeting y supervisas los resultados de estos esfuerzos. Facebook e Instagram son ejemplos de dichas plataformas.

| 9 |

Capítulo 9: Retargeting con Google Ads: Llegando a Clientes en la Red de Display de Google

El retargeting con Google Ads es un método efectivo para llegar a clientes que ya están familiarizados con tu marca y han interactuado con ella en el pasado. Puedes persuadir a las personas que previamente han interactuado con tu marca o visitado tu sitio web para que realicen una compra en tu negocio mostrando anuncios en la Red de Display de Google de tal manera que vean esos anuncios. En este capítulo, discutiremos las ventajas de utilizar el retargeting con Google Ads, así como las mejores prácticas para desarrollar anuncios para utilizar en la Red de Display de Google.

Ventajas de Utilizar el Retargeting con Google Ads

Utilizar el retargeting con Google Ads para tus campañas de marketing tiene varias ventajas que debes considerar. Algunas de ellas son las siguientes:

Llegar a una Audiencia Más Amplia: Debido a que la Red de Display de Google es utilizada por miles de millones de personas, permite a los anunciantes llegar a una audiencia más amplia de la que podrían llegar con otras plataformas.

Opciones de Segmentación: Google Ads brinda a los usuarios la capacidad de seleccionar entre una variedad de opciones de segmentación, como segmentación demográfica, segmentación por intereses y segmentación por comportamiento. Gracias a esto, podrás comunicarte de manera efectiva con la audiencia objetivo.

Formatos para Anuncios: La Red de Display de Google ofrece una variedad de formatos de publicidad, como anuncios de imagen, anuncios de video y muchos más. Esto te brinda la capacidad de seleccionar el formato de anuncio que se adapte tanto a tu mensaje como a tu audiencia de la manera más efectiva.

Desarrollo de Anuncios Compelentes para la Red de Display de Google

Se requiere un enfoque estratégico para crear anuncios en la Red de Display de Google que sean exitosos. A continuación, te ofrecemos algunas sugerencias para escribir anuncios persuasivos:

Utiliza Imágenes Atractivas: Utiliza imágenes de alta calidad que sean atractivas para la audiencia y efectivas para comunicar tu punto. Tu anuncio será más visible si utiliza elementos llamativos como imágenes de alta calidad, tipografía audaz y colores vibrantes.

Mantén Claridad y Brevedad en tus Comunicaciones: Asegúrate de mantener claridad y brevedad en tus comunicaciones. Para fomentar clics y conversiones, utiliza titulares concisos y llamativos, así como llamadas a la acción.

Utiliza Personalización y Creatividad Dinámica: Para producir anuncios que sean altamente relevantes para tu audiencia objetivo, debes utilizar personalización y creatividad dinámica. El retargeting te permite mostrar anuncios a tu audiencia que presenten productos que han visto previamente en tu sitio web o que han agregado a su carrito de compras.

Incorpora una Llamada a la Acción: Cada anuncio debe incorporar una llamada a la acción. Para incentivar a los espectadores a dar el siguiente paso, que podría ser visitar tu sitio web o realizar una compra, debes animarlos a hacerlo.

La Campaña de Retargeting que Ejecutas Debe Incluir Retargeting con Google Ads

Puedes involucrar a tu audiencia y generar resultados de manera fácil y efectiva mediante el uso del retargeting con Google Ads, que debe incorporarse en tu campaña de retargeting. A continuación, te ofrecemos algunas sugerencias para incorporar el retargeting a través de Google Ads en tu campaña existente:

Utiliza la Función de Audiencias Personalizadas de Google para Crear Audiencias Personalizadas: Utiliza la función de Audiencias Personalizadas de Google para crear audiencias personalizadas basadas en el comportamiento e intereses de las personas. Esto te permitirá crear anuncios específicos para los requisitos e intereses de la audiencia objetivo.

Utiliza RLSA (Listas de Remarketing para Anuncios de Búsqueda): Utiliza RLSA para mostrar anuncios a personas que previamente han visitado tu sitio web cuando buscan palabras clave relacionadas en Google. De esta manera, puedes generar tráfico recurrente a tu sitio web. Esto puede ayudar a mejorar el rendimiento de tus anuncios y aumentar la relevancia de tus anuncios.

Selecciona la Ubicación Adecuada: Es importante que elijas la ubicación adecuada para tus anuncios. El escritorio, los dispositivos móviles y la publicidad en aplicaciones son solo algunos de los formatos de anuncios que se pueden utilizar a través de la Red de Display de Google. Debes decidir la ubicación que sirva tanto a tu mensaje como a tu audiencia de la mejor manera.

Mantén un Ojo en tus Resultados: Al evaluar la eficacia de tus anuncios, algunas métricas útiles para observar son las tasas de clics, las tasas de conversión y el retorno de la inversión en anuncios. Utiliza esta información para mejorar tu segmentación y el mensaje que envías.

En resumen, el retargeting con Google Ads es una estrategia efectiva para llegar a clientes que ya están familiarizados con tu marca y han interactuado con ella en el pasado. Puedes involucrar a tu audiencia objetivo y generar resultados para tu negocio al desarrollar anuncios persuasivos para mostrar en la Red de Display de Google, incorporar esos anuncios en tu campaña de retargeting y supervisar los resultados de estos esfuerzos.

| 10 |

Capítulo 10: Retargeting por Correo Electrónico: Creando Campañas de Correo Personalizadas que Convierten

Los clientes que ya han interactuado con tu marca pueden ser alcanzados de manera efectiva a través del retargeting por correo electrónico, que es una estrategia de marketing poderosa. Puedes animar a las personas que previamente han interactuado con tu marca o visitado tu sitio web para que realicen una compra en tu plataforma de comercio electrónico enviándoles correos electrónicos relevantes y personalizados después de que hayan interactuado con tu marca o visitado tu sitio web. En este capítulo, discutiremos las ventajas del retargeting por correo electrónico, así como los pasos necesarios para desarrollar campañas de marketing por correo electrónico exitosas que resulten en conversiones.

Las Ventajas del Retargeting por Correo Electrónico

Utilizar el retargeting por correo electrónico como parte de tus campañas de retargeting puede brindarte una serie de beneficios. Algunos de ellos son los siguientes:

El correo electrónico tiene una tasa de apertura y de clics más alta que muchas otras formas de marketing digital, lo cual es una de las razones por las que es una manera eficiente de comunicarse con las personas a las que deseas llegar.

Personalización: Dado que el correo electrónico te permite adaptar tu mensaje a las acciones e intereses del destinatario, puedes hacerlo más pertinente para la vida del destinatario y más interesante de leer.

El marketing por correo electrónico es una de las formas más rentables de marketing, lo que lo convierte en una elección fantástica para empresas de cualquier tamaño y en cualquier industria.

Desarrollo de Campañas de Marketing por Correo Electrónico Eficientes

Las campañas de marketing por correo electrónico exitosas requieren un enfoque bien pensado. A continuación, te ofrecemos algunas sugerencias para desarrollar campañas de marketing por correo electrónico que sean exitosas:

Haz tu Mensaje Más Relevante para el Destinatario Personalizándolo: Haz tu mensaje más relevante para el destinatario personalizándolo. Esto puede implicar dirigirse al cliente por su nombre, hacer referencia a productos que el cliente ha visto o agregado a su carrito de compras, y personalizar tu mensaje al cliente en función de sus intereses y acciones.

Mantén Claridad y Brevidez en tu Mensaje: Asegúrate de mantener claridad y brevedad en tu mensaje. Para incentivar clics y conversiones, utiliza titulares concisos y llamativos, así como llamadas a la acción.

Segmenta a tu Audiencia: Debes segmentar a tu audiencia en función de sus acciones y lo que les interesa. Gracias a esto, podrás diseñar campañas de correo electrónico que sean específicas para los requisitos e intereses de la audiencia objetivo.

Utiliza Imágenes Atractivas: Para captar la atención de las personas y transmitir tu mensaje, utiliza imágenes llamativas de alta calidad, como imágenes y videos.

Incluye una Llamada a la Acción: Cada correo electrónico que envíes debe tener una llamada a la acción incluida en él. Anima a los destinatarios a dar el siguiente paso, como visitar tu sitio web o realizar una compra, proporcionándoles una llamada a la acción.

Incluir el Retargeting por Correo Electrónico en tu Campaña de Marketing para Alcanzar Clientes

Involucrar a tu audiencia y generar resultados puede lograrse en gran medida al incluir el retargeting por correo electrónico como parte de tu campaña de retargeting en general. Para integrar con éxito el retargeting por correo electrónico en tu campaña de retargeting, considera el siguiente consejo:

Utiliza la Automatización: Haz uso de la automatización para activar campañas de marketing por correo electrónico basadas en las acciones del destinatario. Alguien que haya agregado artículos a su carrito de compras pero aún no ha completado la compra, por ejemplo, es elegible para recibir un correo electrónico titulado "abandono del carrito".

Personaliza tus Correos Electrónicos: Puedes crear campañas de correo electrónico altamente relevantes para tu audiencia objetivo utilizando la personalización en el proceso de creación. Esto puede implicar dirigirse al cliente por su nombre, hacer referencia a productos que el cliente ha visto o agregado a su carrito de compras, y personalizar tu mensaje al cliente en función de sus intereses y acciones.

Prueba y Optimiza: Ejecuta múltiples pruebas con distintas iteraciones de tus campañas de marketing por correo electrónico para determinar cuál tiene el mensaje y el diseño más exitosos. Mide la eficacia de cada variante refiriéndote a métricas como las tasas de apertura, las tasas de clics y las tasas de conversión.

Mantén un Ojo en tus Resultados: Puedes supervisar la eficacia de tus campañas de marketing por correo electrónico utilizando métricas como las tasas de apertura, las tasas de clics y las tasas de conversión. Utiliza esta información para mejorar tu segmentación y el mensaje que envías.

En conclusión, el retargeting por correo electrónico es una estrategia efectiva que se puede utilizar para llegar a clientes que ya han interactuado con tu marca en el pasado. Puedes involucrar a tu audiencia objetivo y generar resultados para tu negocio al crear campañas de marketing por correo electrónico eficientes, integrar esas campañas en tu campaña de retargeting y supervisar los resultados de esas campañas.

| 11 |

Capítulo 11: Retargeting para E-commerce: Estrategias para Incrementar Ventas y Fidelización de Clientes

En el mundo del comercio electrónico, el retargeting es una estrategia efectiva para aumentar las ventas y mantener la fidelidad de los clientes. Puedes animar a las personas que han interactuado con tu marca en el pasado a realizar una compra en tu sitio web mostrándoles anuncios y enviándoles correos electrónicos personalizados después de que lo hayan hecho. En este capítulo, hablaremos sobre las ventajas del retargeting para el comercio electrónico, así como estrategias para aumentar las ventas y mantener la fidelidad de los clientes.

El retargeting tiene muchas ventajas para los minoristas en línea.

Utilizar el retargeting para el comercio en línea conlleva una serie de efectos secundarios ventajosos. Algunos de ellos son los siguientes:

Aumento de las Ventas: El retargeting de clientes con anuncios de productos en los que ya han mostrado interés o que han añadido a su carrito de compras es una manera de ayudar a aumentar las ventas.

Aumento de la Fidelidad de los Clientes: El retargeting puede ayudar a aumentar la fidelidad de los clientes al demostrarles que valoras el negocio que brindan y que estás dedicado a hacer que su experiencia de compra sea placentera.

El retargeting es una de las formas de marketing más rentables, razón por la cual es una elección fantástica para negocios de comercio electrónico de todos los tamaños.

Métodos para Aumentar las Ventas y Mantener la Fidelidad de los Clientes

A continuación, presentamos algunas estrategias que se pueden utilizar para aumentar las ventas y la fidelidad de los clientes en el comercio electrónico mediante el uso del retargeting:

Haz tu Mensaje Más Relevante para el Destinatario Personalizándolo: Haz tu mensaje más relevante para el destinatario personalizándolo. Esto puede implicar dirigirse al cliente por su nombre, hacer referencia a productos que el cliente ha visto o agregado a su carrito de compras, y personalizar tu mensaje al cliente en función de sus intereses y las acciones que realizan.

Infunde un Sentido de Urgencia: Puedes motivar a los clientes a realizar una compra infundiéndoles un sentido de urgencia. Por ejemplo, podrías resaltar el hecho de que un producto se está agotando rápicamente o proporcionar un descuento que solo esté disponible por tiempo limitado.

Ofrece Incentivos: Proporciona a los clientes varios tipos de incentivos para alentarlos a realizar una compra. Envío gratuito, una reducción de precio o un obsequio gratuito con la compra son algunos ejemplos de este tipo de oferta.

Utiliza el Retargeting Dinámico: Emplea el retargeting dinámico para mostrar anuncios a los clientes que presenten productos que hayan visto previamente o que hayan agregado a su carrito de compras. Esto puede ayudar a refrescar su memoria acerca de los productos que estaban considerando comprar y alentarlos a adquirirlos.

Desarrolla un Programa de Fidelización de Clientes: Crea un programa de fidelización de clientes para reconocer y agradecer a los clientes por su negocio continuado. Esto puede implicar ofrecer beneficios como descuentos especiales, envío gratuito y otras ventajas.

Implementar el Retargeting en tu Estrategia de Compras en Línea

Si tu estrategia de comercio electrónico incluye el retargeting como un elemento, es un método fantástico para aumentar las ventas y mantener la fidelidad de los clientes. Las siguientes son algunas sugerencias que pueden ayudarte a incorporar el retargeting en tu estrategia general de comercio electrónico:

Los clientes que han interactuado con tu marca pueden ser alcanzados a través de diferentes canales, como Facebook, Instagram y correo electrónico, así que aprovecha al máximo todos estos. Esto puede beneficiar a tu campaña de retargeting y aumentar su éxito.

Monitorea tus Métricas: Puedes supervisar la eficacia de tu campaña de retargeting utilizando métricas como las tasas de clics, las tasas de conversión y el retorno de la inversión en anuncios. Utiliza esta información para mejorar tu segmentación y el mensaje que envías.

Prueba y Mejora: Debes llevar a cabo pruebas utilizando diferentes iteraciones para determinar cuál versión de tu campaña de retargeting tiene el mensaje y el diseño más exitosos. Al evaluar la eficacia de cada variante, es útil utilizar métricas como las tasas de clics, las tasas de conversión y el retorno de la inversión en anuncios.

Utiliza Límites de Frecuencia: Puedes limitar el número de veces que un cliente ve tu anuncio mediante el uso de límites de frecuencia. Esto puede ser útil para prevenir el cansancio de anuncios y asegurarte de que las personas adecuadas vean tu mensaje en el momento adecuado.

En el comercio electrónico, el retargeting es una estrategia efectiva para aumentar las ventas y mantener la fidelidad de los clientes, como se argumentó en el párrafo anterior. Puedes incentivar a los clientes a realizar compras y a seguir volviendo por más mediante la personalización, la creación de un sentido de urgencia, la oferta de incentivos, el uso del retargeting dinámico y la creación de un programa de fidelización. Estas son todas formas en que se puede incentivar a los clientes a realizar una compra. Puedes generar resultados para tu empresa y construir una base de clientes que sea fiel a ti al incluir el retargeting en la estrategia que utilizas para tu tienda en línea y supervisar las métricas que produce.

| 12 |

Capítulo 12: Retargeting para B2B: Llegar a los Tomadores de Decisiones con Marketing Basado en Cuentas

Cuando se trata de marketing B2B, el retargeting es una estrategia poderosa que se puede utilizar para llegar a los tomadores de decisiones. Puedes mostrar anuncios y enviar correos electrónicos personalizados a los tomadores de decisiones en las empresas que estás apuntando si utilizas el marketing basado en cuentas. En este capítulo, hablaremos sobre las ventajas de utilizar el retargeting para el marketing B2B, así como las estrategias para utilizar el marketing basado en cuentas para llegar a los tomadores de decisiones.

El Valor del Retargeting para Empresas a Empresas

Cuando se trata de marketing dirigido a otras empresas, el retargeting ofrece varias ventajas. Algunas de ellas son las siguientes:

El retargeting te permite crear mensajes dirigidos para los tomadores de decisiones en las empresas que estás apuntando, los cuales luego pueden ser enviados a esos tomadores de decisiones.

Aumento de la Conciencia de Marca Si utilizas el retargeting, puedes ayudar a aumentar la conciencia de marca de los tomadores de decisiones, lo que a su vez aumenta la probabilidad de que consideren tu empresa para futuros negocios.

El retargeting es una de las formas de marketing más rentables, lo que lo convierte en una opción fantástica para las empresas que se dirigen a otras empresas, independientemente de su tamaño.

Tácticas de marketing basado en cuentas que se pueden utilizar para involucrar de manera más efectiva a los tomadores de decisiones

A continuación, presentamos algunas estrategias que se pueden utilizar para llegar a los tomadores de decisiones en entornos B2B mediante el uso del retargeting y el marketing basado en cuentas:

Identificar a los Tomadores de Decisiones Clave Uno de los primeros pasos que debes dar es determinar quiénes son los tomadores de decisiones clave en las empresas a las que estás apuntando. Esto podría incluir a ejecutivos de nivel C, jefes de departamento y otros tomadores de decisiones que están involucrados en el proceso de compra del producto o servicio.

Hacer que tu Mensaje Sea más Relevante para el Destinatario Personalizándolo Haz que tu mensaje sea más relevante para el destinatario personalizándolo. Esto puede implicar mencionar el nombre de la empresa, la industria en la que opera o puntos específicos de dolor que tu solución puede aliviar.

Establecer una Propuesta de Valor Convincente Es esencial que establezcas una propuesta de valor convincente para comunicar eficazmente los beneficios de tu solución a los tomadores de decisiones en los que te estás enfocando.

Emplear Varios Canales Diferentes Para comunicarte con los tomadores de decisiones en las empresas que te interesan, debes hacer uso de varios canales diferentes, como LinkedIn, correo electrónico y anuncios de display. Tu campaña de marketing basado en cuentas podría beneficiarse de esto, ya que podría ayudar a que sea más efectiva.

El Retargeting como Elemento de tu Estrategia de Marketing Empresarial

El retargeting es un excelente método para llegar a los tomadores de decisiones y generar resultados para tu empresa, y debe ser parte integral de tu estrategia de marketing B2B. Aquí hay algunos consejos para integrar el retargeting en tu estrategia de marketing B2B:

Utiliza Varios Puntos de Contacto Diferentes Para comunicarte con los tomadores de decisiones en las empresas que te interesan, utiliza varios puntos de contacto diferentes, como el correo electrónico, los anuncios de display y LinkedIn. Tu campaña de marketing basado en cuentas podría beneficiarse de esto, lo que puede contribuir a que sea más efectiva.

Monitorea tus Métricas Puedes supervisar la eficacia de tu campaña de retargeting utilizando métricas como las tasas de clics, las tasas de conversión y el retorno de la inversión en anuncios. Utiliza esta información para mejorar tu segmentación y el mensaje que envías.

Prueba y Optimiza: Para determinar cuál versión de tu campaña de retargeting tiene el mensaje y el diseño más exitosos, debes realizar pruebas con diferentes variantes. Al evaluar la eficacia de cada variante, es útil utilizar métricas como las tasas de clics, las tasas de conversión y el retorno de la inversión en anuncios.

Dirige a los Tomadores de Decisiones que han Interactuado con tu Empresa en el Pasado Las listas de retargeting se pueden utilizar para dirigir a los tomadores de decisiones que han interactuado previamente con tu empresa. Tanto el retorno de la inversión (ROI) como la eficacia de tu campaña de retargeting pueden mejorar como resultado de esto.

En conclusión, el retargeting es una estrategia efectiva que se puede utilizar en el marketing B2B para comunicarse con los tomadores de decisiones. Puedes crear mensajes dirigidos que resuenen con los tomadores de decisiones en las empresas que estás apuntando mediante el uso de marketing basado en cuentas, personalización y una propuesta de valor convincente. Puedes generar resultados para tu empresa y construir relaciones duraderas con los tomadores de decisiones en tu mercado objetivo si incorporas el retargeting en tu estrategia de marketing B2B y supervisas tus métricas.

Capítulo 13: Retargeting para Empresas Locales: Ganar Clientes en tu Comunidad

La práctica del retargeting es una estrategia efectiva para las empresas locales que están interesadas en adquirir nuevos clientes en su comunidad. Puedes animar a los clientes que han interactuado con tu empresa en el pasado a regresar y realizar una compra enviándoles anuncios y personalizando los correos electrónicos que les envías. En este capítulo, hablaremos sobre los beneficios del retargeting para las empresas locales, así como estrategias para ganar clientes en tu comunidad. Específicamente, nos centraremos en el mercado local.

Beneficios del Retargeting para Empresas y Organizaciones Locales

Utilizar el retargeting es beneficioso para las empresas locales de varias maneras. Algunas de ellas son las siguientes:

El retargeting puede ayudar a aumentar el tráfico de personas a tu negocio recordando a quienes han visitado tu sitio anteriormente sobre los productos y servicios que ofreces.

Aumento de la Fidelidad del Cliente El retargeting puede ayudar a aumentar la fidelidad del cliente al demostrarles que aprecias el negocio que proporcionan y estás dedicado a hacer que su experiencia de compra sea agradable.

El retargeting es una de las formas de marketing más rentables, lo que lo convierte en una opción fantástica para empresas regionales de todos los tamaños.

Métodos para Atraer y Mantener Clientes en tu Comunidad Local

A continuación, presentamos algunas estrategias que puedes utilizar para ganar clientes en tu comunidad mediante el uso del retargeting:

Hacer que tu Mensaje Sea más Relevante para el Destinatario Personalizándolo Haz que tu mensaje sea más relevante para el destinatario personalizándolo. Esto se puede lograr haciendo referencia a las compras anteriores del cliente, personalizando tu mensaje según los intereses y comportamientos del cliente, y enfatizando tu conexión con la comunidad local.

Crear un Sentido de Urgencia: Para motivar a los clientes a realizar una compra, debes crear un sentido de urgencia. Por ejemplo, podrías resaltar el hecho de que un producto se está agotando rápidamente o proporcionar un descuento que solo esté disponible por un tiempo limitado.

Ofrecer Incentivos: Proporciona a los clientes varios tipos de incentivos para animarlos a realizar una compra. Esto podría ser en forma de una reducción de precio o un regalo gratuito con la compra.

Utilizar Segmentación Basada en la Ubicación: Muestra anuncios a personas que se encuentran en tu comunidad local utilizando la segmentación basada en la ubicación. Esto puede ayudar a hacer que tu mensaje sea más relevante para su audiencia y animar a las personas a visitar tu lugar de negocios.

El Retargeting como Componente de tu Estrategia de Negocio Local

Incluir el retargeting como parte de su estrategia general es una excelente manera de ganar clientes y construir lealtad en tu comunidad local. A continuación, presentamos algunas sugerencias para incorporar el retargeting en la estrategia de tu negocio local:

Utilizar Varios Canales Diferentes Para comunicarte con los clientes que ya han interactuado con tu empresa, debes utilizar varios canales diferentes, como correo electrónico, Facebook e Instagram. Tu campaña de retargeting podría beneficiarse de esto y tener un mejor resultado como resultado.

Supervisar tus Métricas Puedes supervisar la eficacia de tu campaña de retargeting utilizando métricas como las tasas de clics, las tasas de conversión y el retorno de la inversión en anuncios. Utiliza esta información para mejorar tu segmentación y el mensaje que envías.

Probar y Mejorar: Para determinar qué versión de tu campaña de retargeting tiene el mensaje y el diseño más exitosos, debes realizar pruebas utilizando varias iteraciones diferentes. Al evaluar la eficacia de cada variante, es útil utilizar métricas como las tasas de clics, las tasas de conversión y el retorno de la inversión en anuncios.

Utilizar Listas de Retargeting: Las listas de retargeting te permiten centrar tus esfuerzos de marketing en personas que han interactuado previamente con tu empresa. Tu retorno de inversión (ROI) y la eficacia de tu campaña de retargeting pueden mejorar como resultado de esto.

En conclusión, el retargeting es una estrategia efectiva para las empresas locales interesadas en adquirir nuevos clientes en su comunidad. Si utilizas la personalización, la urgencia, los incentivos y la segmentación basada en la ubicación en tus comunicaciones, podrás crear mensajes dirigidos que resonarán con tu audiencia local. Si incorporas el retargeting en la estrategia de tu negocio local y supervisas las métricas asociadas, podrás generar resultados para tu empresa y construir relaciones duraderas con los clientes de tu comunidad.

| 14 |

Capítulo 14: Retargeting para Eventos: Promocionando tu Evento con Anuncios Dirigidos

El retargeting es un método poderoso que puede ser utilizado para promocionar eventos e incrementar la asistencia a dichos eventos. Puedes animar a las personas a registrarse y asistir a tu evento enviándoles anuncios y personalizando los correos electrónicos que les envías después de que hayan expresado interés en el mismo. En este capítulo, discutiremos las ventajas de utilizar el retargeting para eventos, así como estrategias para promocionar tu evento a través del uso de anuncios dirigidos.

Las Ventajas del Retargeting en lo que Respecta a los Eventos

Utilizar el retargeting como estrategia para eventos tiene una serie de ventajas. Algunas de ellas son las siguientes:

La Asistencia Puede Aumentarse a Través del Retargeting: Una forma en que el retargeting puede ayudar a aumentar la asistencia es recordando a las personas que ya han expresado interés en tu evento y animándolas a registrarse en el mismo.

Aumento del Retorno de la Inversión (ROI): El retargeting es uno de los métodos de marketing más rentables, lo que lo convierte en una elección fantástica para eventos de cualquier tamaño. El retargeting puede ayudar a mejorar el retorno de la inversión (ROI) de tu evento al aumentar el número de asistentes.

El retargeting te permite crear mensajes dirigidos para individuos que previamente han mostrado interés en tu evento, lo que aumenta la probabilidad de que estos individuos se inscriban y asistan al evento.

Métodos para Promocionar Efectivamente tu Evento a través de Anuncios Específicos

A continuación, presentamos algunas estrategias que pueden utilizarse para promocionar tu evento con anuncios dirigidos mediante el retargeting:

Determina a Quién Deseas que Asista a tu Evento: Determina a quién deseas que asista a tu evento, teniendo en cuenta aspectos como su demografía, intereses y comportamientos. Tener esta información facilitará la creación de mensajes dirigidos que resonarán con ellos.

Haz que tu Mensaje Sea más Relevante para el Destinatario Personalizándolo: Haz que tu mensaje sea más relevante para el destinatario personalizándolo. Esto puede incluir hacer referencia a la asistencia previa del individuo en uno de tus eventos, señalar sesiones pertinentes a los intereses del individuo o adaptar tu mensaje a su puesto específico o la industria en la que trabaja.

Crea un Sentido de Urgencia: Haz que las personas sientan que necesitan actuar rápidamente para inscribirse en tu evento. Por ejemplo, podrías resaltar el hecho de que los boletos se están agotando rápidamente o proporcionar un descuento por un tiempo limitado.

Utiliza Listas de Retargeting: Puedes dirigirte a individuos que previamente han demostrado interés en tu evento utilizando listas de retargeting. Las personas que han visitado el sitio web de tu evento o se han registrado para uno de tus eventos anteriores podrían entrar en esta categoría.

El Retargeting como Componente de tu Estrategia de Promoción de Eventos

Incluir el retargeting como parte de tu estrategia de promoción de eventos es una excelente manera de aumentar la asistencia a tu evento y mejorar el retorno de la inversión de este. A continuación, presentamos algunas sugerencias para incorporar el retargeting en la estrategia general de promoción de tu evento:

Utiliza Varios Canales Diferentes: Si deseas llegar a personas que han expresado interés en tu evento, debes utilizar varios canales diferentes, como Facebook, LinkedIn y correo electrónico. Tu campaña de retargeting podría beneficiarse de esto y tener un mejor resultado como resultado.

Supervisa tus Métricas: Puedes supervisar la eficacia de tu campaña de retargeting utilizando métricas como las tasas de clics, las tasas de conversión y el retorno de la inversión en anuncios. Utiliza esta información para mejorar tu segmentación y el mensaje que envías.

Prueba y Optimiza: Para determinar qué versión de tu campaña de retargeting tiene el mensaje y el diseño más exitosos, debes realizar pruebas utilizando varias variantes diferentes. Al evaluar la eficacia de cada variante, es útil utilizar métricas como las tasas de clics, las tasas de conversión y el retorno de la inversión en anuncios.

Utiliza el Límite de Frecuencia: Puedes limitar la cantidad de veces que una persona verá tu anuncio utilizando el límite de frecuencia. Esto puede ser útil para evitar la fatiga del anuncio y asegurarte de que las personas adecuadas vean tu mensaje en el momento adecuado.

En conclusión, el retargeting es una estrategia efectiva que puede ser utilizada para promocionar eventos e incrementar la asistencia a los mismos. Puedes crear mensajes dirigidos que resuenen con tu público objetivo y los animen a registrarse y asistir a tu evento al emplear la personalización, la urgencia, las listas de retargeting y múltiples canales en tu comunicación con ellos. Puedes generar resultados para tu evento y construir un grupo de asistentes leales al incluir el retargeting como parte de tu estrategia de promoción de eventos y supervisar tus métricas.

| 15 |

Capítulo 15: Retargeting para Dispositivos Móviles: Llegando a los Clientes en Movimiento

El retargeting es un método efectivo para llegar a los clientes mientras están en movimiento al entregar anuncios dirigidos a sus dispositivos móviles. Las personas que han interactuado con tu empresa en sus dispositivos móviles pueden ser alentadas a tomar acción y realizar una compra mostrándoles anuncios y enviándoles mensajes personalizados. En este capítulo, hablaremos sobre las ventajas de utilizar el retargeting para dispositivos móviles, así como diferentes estrategias para comunicarse con los clientes que están en movimiento.

Ventajas del Retargeting en Dispositivos Móviles

Utilizar el retargeting en dispositivos móviles tiene varias ventajas distintas. Algunas de ellas son las siguientes:

Aumento del Número de Conversiones: El retargeting puede ayudar a aumentar el número de conversiones que tu negocio experimenta al recordar a las personas que han interactuado con tu empresa en dispositivos móviles sobre los productos y servicios que ofreces.

El retargeting puede ayudar a mejorar la experiencia del usuario al mostrar anuncios relevantes y mensajes personalizados a los clientes mientras están en movimiento. Esto puede contribuir a mejorar la experiencia del usuario en dispositivos móviles.

Debido a que es uno de los métodos de marketing más rentables, el retargeting es una excelente opción para empresas de cualquier tamaño y en cualquier industria.

Formas de Comunicarse con Clientes que Siempre Están en Movimiento

Utilizar el retargeting para comunicarse con clientes mientras están en movimiento se puede hacer de varias formas diferentes, incluyendo las siguientes:

Haz que tu Mensaje Sea más Relevante para el Destinatario Personalizándolo: Haz que tu mensaje sea más relevante para el destinatario personalizándolo. Esto puede incluir hacer referencia a las compras anteriores del cliente, adaptar tu mensaje a los intereses y comportamientos del cliente y enfatizar tu conexión con la comunidad local.

Desarrolla un Sentido de Urgencia: Para motivar a los clientes a tomar acción, debes crear un sentido de urgencia. Por ejemplo, podrías resaltar el hecho de que un producto se está agotando rápidamente o proporcionar un descuento disponible por un tiempo limitado.

Utiliza Segmentación Basada en la Ubicación: Puedes mostrar anuncios a personas que se encuentran en tu área local utilizando la segmentación basada en la ubicación. Esto puede ayudar a que tu mensaje sea más relevante para su público objetivo y alentar a las personas a tomar acción.

Emplea un Diseño Amigable para Móviles: Asegúrate de que tus anuncios y mensajes sean fáciles de leer y navegar en dispositivos móviles mediante un diseño que sea amigable para móviles. Esto puede incluir el uso de fuentes más grandes, llamados a la acción distintos y páginas de destino optimizadas para dispositivos móviles.

El Retargeting como Componente de tu Estrategia de Marketing Móvil

Si deseas llegar a los clientes mientras están en movimiento y generar resultados para tu empresa, integrar el retargeting en tu estrategia de marketing móvil es una excelente manera de hacerlo. Aquí tienes algunos consejos para integrar el retargeting en tu estrategia de marketing móvil:

Utiliza Varios Canales Diferentes: Para comunicarte con los clientes que han interactuado con tu empresa a través de dispositivos móviles, debes utilizar varios canales diferentes, como Facebook, Instagram y correo electrónico. Tu campaña de retargeting podría beneficiarse de esto y tener un mejor resultado como resultado.

Supervisa tus Métricas: Puedes supervisar la eficacia de tu campaña de retargeting utilizando métricas como las tasas de clics, las tasas de conversión y el retorno de la inversión en anuncios. Utiliza esta información para mejorar tu segmentación y el mensaje que envías.

Prueba y Optimiza: Para determinar qué versión de tu campaña de retargeting tiene el mensaje y el diseño más exitosos, debes realizar pruebas utilizando varias variantes diferentes. Al evaluar la eficacia de cada variante, es útil utilizar métricas como las tasas de clics, las tasas de conversión y el retorno de la inversión en anuncios.

Utiliza Listas de Retargeting: Utiliza listas de retargeting para dirigirte a personas que han interactuado previamente con tu empresa en sus dispositivos móviles. Tu retorno de inversión (ROI)

y la eficacia de tu campaña de retargeting pueden mejorar como resultado.

En conclusión, el retargeting es un método efectivo para llegar a los clientes mientras están en movimiento a través del uso de anuncios dirigidos y mensajes personalizados entregados en dispositivos móviles. Puedes crear mensajes dirigidos que resuenen con tu audiencia móvil y los animen a tomar acción utilizando la personalización, la urgencia, la segmentación basada en la ubicación y un diseño amigable para móviles. Puedes generar resultados para tu empresa y construir relaciones duraderas con los clientes al incluir el retargeting en tu estrategia de marketing móvil y supervisar tus métricas. Esto te permitirá hacer negocios mientras estás en movimiento.

| 16 |

Capítulo 16: Retargeting y Valor del Cliente Durante su Vida: Aumentando los Ingresos con Clientes Repetidos

El retargeting es una técnica poderosa para aumentar los ingresos con clientes repetidos al alentarlos a realizar compras adicionales. Esto se logra mostrando anuncios dirigidos en sitios web de terceros. Puedes aumentar el valor de por vida de los clientes al mostrarles anuncios y enviarles correos electrónicos personalizados después de que ya hayan realizado una compra. Esto los animará a regresar a tu tienda y hacer compras adicionales. En este capítulo, hablaremos sobre las ventajas del retargeting para aumentar el valor del cliente durante su vida, así como estrategias para aumentar los ingresos con clientes repetidos.

El Valor de Retargeting en Base a la Inversión a Largo Plazo de los Clientes

Utilizar el retargeting como parte de una estrategia para aumentar el valor del cliente durante su vida puede tener varios resultados positivos. Algunos de ellos son los siguientes:

Aumento de los Ingresos: Una de las formas en que el retargeting puede ayudar a aumentar los ingresos es alentar a los clientes existentes a realizar compras adicionales, lo que a su vez aumenta el valor del cliente durante su vida.

Aumento de la Lealtad del Cliente: El retargeting puede ayudar a aumentar la lealtad del cliente al demostrarles que aprecias el negocio que brindan y estás dedicado a hacer que su experiencia de compra sea agradable.

Debido a que es uno de los métodos de marketing más rentables, el retargeting es una excelente opción para empresas de cualquier tamaño y en cualquier industria.

Métodos para Aumentar las Ganancias de los Clientes Actuales que Compran una y Otra Vez

Las siguientes son algunas estrategias que se pueden utilizar para aumentar los ingresos a través de clientes repetidos mediante el uso del retargeting:

Haz que tu Mensaje Sea más Relevante para el Destinatario Personalizándolo: Haz que tu mensaje sea más relevante para el destinatario personalizándolo. Esto podría incluir hacer referencia a las compras anteriores del cliente, hacer sugerencias de productos basadas en los intereses y comportamientos del cliente y resaltar ofertas exclusivas que solo están disponibles para clientes leales.

Ofrece Incentivos: Ofrece incentivos para alentar a los clientes a realizar compras repetidas. Esto podría ser en forma de un descuento en el precio o un regalo gratuito junto con la compra para los clientes repetidos.

Utiliza Listas de Retargeting: Puedes dirigirte a los clientes que ya han comprado en tu empresa en el pasado mediante el uso de listas de retargeting. Tu retorno de inversión (ROI) y la eficacia de tu campaña de retargeting pueden mejorar como resultado de esto.

Utiliza Técnicas de Venta Adicional y Venta Cruzada: Para alentar a los clientes a realizar compras adicionales, es importante utilizar técnicas de venta adicional y venta cruzada. Esto podría implicar hacer recomendaciones de productos complementarios o proporcionar la opción de una versión más lujosa de un producto que el cliente ya ha comprado.

Implementación del Retargeting como Parte de tu Estrategia para Aumentar el Valor del Cliente Durante su Vida

El retargeting debe incorporarse a tu estrategia para maximizar el valor del cliente durante su vida, ya que es una excelente manera de aumentar los ingresos y fortalecer la lealtad entre tu base de clientes existente. Aquí tienes algunas sugerencias para incorporar el retargeting en tu estrategia para aumentar el valor del cliente durante su vida:

Los clientes que ya han realizado una compra pueden ser alcanzados a través de una variedad de medios, incluidos el correo electrónico, las redes sociales y los anuncios de display, si utilizas varios canales. Tu campaña de retargeting podría beneficiarse de esto y tener un mejor resultado como resultado.

Supervisa tus Métricas: Puedes supervisar la eficacia de tu campaña de retargeting utilizando métricas como las tasas de clics, las tasas de conversión y el retorno de la inversión en anuncios. Utiliza esta información para mejorar tu segmentación y el mensaje que envías.

Prueba y Optimiza: Para determinar qué versión de tu campaña de retargeting tiene el mensaje y el diseño más exitosos, debes realizar pruebas utilizando varias variantes diferentes. Al evaluar la eficacia de cada variante, es útil utilizar métricas como las tasas de clics, las tasas de conversión y el retorno de la inversión en anuncios.

Utiliza la Segmentación: Utiliza la segmentación para dirigirte a grupos específicos de clientes en función de los patrones de compra y las acciones que hayan tomado en el pasado. Esto puede ser útil en el proceso de crear mensajes dirigidos que hablen con cada grupo de una manera que resuene con ellos y los anime a realizar compras adicionales.

En conclusión, el retargeting es una estrategia efectiva para aumentar los ingresos con clientes repetidos y aumentar el valor del cliente durante su vida. Puedes crear mensajes dirigidos que resuenen con tus clientes existentes y los alienten a realizar compras adicionales utilizando técnicas como la personalización, los incentivos, la venta adicional y la venta cruzada, y las listas de retargeting. Puedes generar resultados para tu empresa y construir relaciones duraderas con tus clientes si incluyes el retargeting en la estrategia que utilizas para calcular el valor del cliente durante su vida y supervisas las métricas asociadas con esa estrategia.

| 17 |

Capítulo 17: Métricas de Retargeting: Analizar el Rendimiento de la Campaña y Optimizar para el Éxito

Para asegurarte de que las campañas de retargeting estén operando a su máximo potencial, es necesario realizar un análisis y optimización continuos. En este capítulo, repasaremos la importancia de las métricas de retargeting, cómo medir el éxito de una campaña y diversas estrategias para optimizar los esfuerzos de retargeting.

Recuerda que las métricas de retargeting son importantes.

Las métricas para el retargeting son esenciales porque ofrecen información reveladora sobre el rendimiento de tus campañas de retargeting. Podrás evaluar el éxito de tus campañas y determinar dónde hay margen de mejora si realizas un seguimiento de estas métricas. Las siguientes son algunas métricas importantes relacionadas con el retargeting:

La Tasa de Clics (CTR, por sus siglas en inglés) es una métrica que mide la proporción entre el número de clics que reciben tus anuncios y el número total de veces que se muestran. Un alto CTR demuestra que tus anuncios son interesantes para las personas a las que estás tratando de llegar y, por lo tanto, son relevantes para ellos.

Tasa de Conversión: La tasa de conversión se calcula dividiendo el número total de clics recibidos por un anuncio entre el número de personas que realmente completan la acción deseada (como realizar una compra o completar un formulario). Una alta tasa de conversión indica que tus anuncios están logrando con éxito que las personas realicen la acción deseada.

El Retorno de la Inversión en Anuncios (ROAS, por sus siglas en inglés) es una métrica que calcula la cantidad de ingresos generados por tus anuncios en comparación con la cantidad de dinero gastado en anuncios. Si tu ROAS es alto, significa que la campaña de retargeting que estás ejecutando es exitosa en términos de generar un retorno positivo de la inversión.

Evaluar los Resultados de una Campaña

Es importante establecer objetivos específicos para tu campaña de retargeting y realizar un seguimiento de las métricas a lo largo del tiempo para medir cuán exitosa ha sido la campaña. A continuación, se presentan algunos pasos que se pueden seguir para medir el éxito de una campaña:

Definir Objetivos: Antes de comenzar tu campaña de retargeting, es importante definir objetivos claros para la campaña, como aumentar el número de conversiones o mejorar el retorno de la inversión.

Seleccionar tus Métricas: Elige métricas que sean pertinentes para tus objetivos, como la tasa de clics (CTR), la tasa de conversión (ROAS) y el retorno de la inversión en anuncios (ROAS).

Establecer Puntos de Referencia: Establece puntos de referencia para tus métricas basándote en estándares de la industria o en el rendimiento de campañas anteriores.

Seguimiento de las Métricas: Debes realizar un seguimiento de las métricas a lo largo del tiempo para medir el éxito de una campaña y para identificar áreas que podrían necesitar mejora.

Mejorar el Rendimiento de las Campañas de Retargeting

Es esencial realizar un análisis constante y hacer ajustes necesarios a tu estrategia para obtener el máximo provecho de tus campañas de retargeting. A continuación, se presenta una lista de estrategias que pueden ayudarte a optimizar tus campañas de retargeting:

Utilizar Pruebas A/B: Utiliza pruebas A/B para comparar diversas versiones de tus anuncios o mensajes para determinar cuál estrategia es la más exitosa.

Refinar la Segmentación: Para aumentar la relevancia y la participación, ajusta la segmentación en función de las acciones, intereses y demografía de tus clientes.

Mejorar tu Retorno de Inversión Optimiza tus pujas ajustando tu estrategia de puja en función de métricas como la tasa de clics y la tasa de conversión.

Actualizar la Creatividad: Es importante actualizar frecuentemente tu creatividad para mantener un diseño y un mensaje atractivos y modernos.

Ajustar la Frecuencia: Si deseas evitar la fatiga del anuncio y asegurarte de que tu mensaje sea recibido por la audiencia adecuada en el momento adecuado, debes ajustar la frecuencia de tus anuncios.

Considerar el Retargeting en Múltiples Dispositivos: Si deseas llegar a los clientes en varios dispositivos y aumentar la participación, considera el retargeting en múltiples dispositivos.

Las Métricas de Retargeting Deben Incluirse en tu Estrategia de Marketing

La incorporación de métricas de retargeting en tu estrategia de marketing es un paso esencial que debes tomar para maximizar la efectividad de tus campañas de retargeting y generar resultados para tu empresa. Puedes incorporar métricas de retargeting en tu estrategia de marketing siguiendo estos consejos:

Utiliza Herramientas Analíticas: El seguimiento de las métricas de retargeting y el monitoreo del rendimiento de la campaña se pueden lograr con la ayuda de herramientas analíticas como Google Analytics y Facebook Pixel.

Monitorea las Métricas Regularmente: Es importante monitorear regularmente tus métricas de retargeting para identificar áreas que podrían mejorarse y optimizar tu estrategia de campaña.

Para Demostrar la Efectividad de tu Estrategia de Retargeting, Comparte los Resultados con las Partes Interesadas: Para demostrar la eficacia de tu estrategia de retargeting, comparte los resultados de tus métricas de retargeting y el rendimiento de tu campaña con las partes interesadas, como ejecutivos o clientes.

Utiliza las Métricas para Guiar la Estrategia: Utiliza las métricas de retargeting como una forma de guiar tu estrategia de campaña y hacer ajustes en tu enfoque en función de su rendimiento.

| 18 |

Capítulo 18: Tácticas Avanzadas de Retargeting: Retargeting en Múltiples Dispositivos y Audiencias Semejantes

Las campañas de retargeting son un método efectivo para comunicarse con los clientes que ya han demostrado interés en tu empresa. Estas campañas te permiten conectar con clientes que han mostrado interés en tu empresa. Por otro lado, existen métodos de retargeting más sofisticados que pueden llevar tus campañas al siguiente nivel. El retargeting en múltiples dispositivos y la segmentación de audiencias semejantes serán los temas que cubriremos en este capítulo sobre estrategias avanzadas de retargeting.

Retargeting en Múltiples Dispositivos

El retargeting en múltiples dispositivos es una estrategia que te permite dirigirte a los clientes en varios dispositivos, como computadoras de escritorio, tabletas y teléfonos inteligentes. También se conoce como "remarketing en múltiples dispositivos". Dirigirse a los clientes en todos sus dispositivos puede aumentar la cantidad de tiempo que dedican a interactuar con el contenido de una marca y la frecuencia con la que realizan compras. Esta estrategia es importante porque los consumidores utilizan varios dispositivos durante el proceso de compra.

A continuación, se presentan algunas estrategias para el retargeting en múltiples dispositivos:

Utilizar el Seguimiento en Múltiples Dispositivos Para rastrear el comportamiento de los clientes en todos sus dispositivos, debes utilizar una herramienta de seguimiento en múltiples dispositivos. Algunos ejemplos de estas herramientas incluyen los informes en múltiples dispositivos de Google y la herramienta de atribución en múltiples dispositivos de Facebook.

Asegurarte de que tu Mensaje y Creatividad sean Coherentes en Todos los Dispositivos Para proporcionar a tus clientes una experiencia fluida, es importante que te asegures de que tu mensaje y creatividad sean coherentes en todos los dispositivos.

Emplear Creatividad Dinámica: Utiliza creatividad dinámica para mostrar anuncios personalizados adaptados al dispositivo y al comportamiento de cada cliente individual.

Ajustar las Ofertas para Cada Dispositivo Realiza ajustes en las ofertas para cada dispositivo para optimizar el gasto en publicidad y maximizar el retorno de la inversión (ROI).

Audiencias Semejantes (Lookalike Audiences)

Las audiencias semejantes son una poderosa herramienta de segmentación que te permite llegar a nuevos clientes que son similares a tus clientes existentes. Las audiencias semejantes te permiten expandir tu base de clientes. Puedes crear una audiencia semejante analizando los datos que ya tienes sobre tus clientes. Esta audiencia tendrá características en común con los clientes originales, como intereses, comportamientos y demografía.

Aquí hay algunas estrategias para utilizar audiencias semejantes: Realizar un Análisis de los Datos del Cliente Realiza un análisis de los datos de tus clientes existentes para identificar patrones y características compartidas por tus clientes más valiosos.

Construir una Audiencia Base: Construye una audiencia base basada en tus clientes más valiosos o en segmentos con las tasas de conversión más altas.

Utilizando una herramienta de audiencia semejante, como Facebook Lookalike Audiences o Google Similar Audiences, puedes crear una nueva audiencia que tenga características similares a las de tu audiencia base. A esta nueva audiencia se le llama "audiencia semejante".

Experimenta con varias variantes de tu audiencia semejante para encontrar la estrategia que arroje los mejores resultados. Mide la efectividad de cada variante consultando métricas como la tasa de clics y la tasa de conversión.

Adaptar tu Estrategia de Retargeting para Incluir Retargeting en Múltiples Dispositivos y Audiencias Semejantes

Si deseas aumentar la participación y las conversiones de tu público objetivo, la integración del retargeting en múltiples dispositivos y las audiencias semejantes en tu estrategia de retargeting puede ser de ayuda. A continuación, te presento algunas sugerencias para incorporar estas estrategias en tu estrategia de retargeting:

Utiliza el Retargeting en Múltiples Canales: Implementa una estrategia de retargeting en múltiples canales que incluya el retargeting en múltiples dispositivos y las audiencias semejantes para comunicarte con los clientes en diversos dispositivos y plataformas.

Supervisa tus Métricas Asegúrate de supervisar tus métricas de retargeting, como la tasa de clics (CTR) y la tasa de conversión, para determinar cuán exitosas han sido tus campañas de retargeting en múltiples dispositivos y audiencias semejantes.

Realiza Ajustes en tu Estrategia Basados en su Rendimiento Realiza ajustes en tu estrategia en función de lo bien que hayan funcionado tus campañas de retargeting en múltiples dispositivos y audiencias semejantes. Utiliza métricas como la tasa de clics (CTR) y la tasa de conversión para mejorar tu segmentación y mensaje.

Conduce experimentos y realiza ajustes: Para determinar qué estrategia es la más exitosa, realiza experimentos utilizando diferentes iteraciones de tus campañas de retargeting en múltiples dispositivos y audiencias semejantes. Mide la efectividad de cada variante consultando métricas como la tasa de clics y la tasa de conversión.

| 19 |

Capítulo 19: Cumplimiento en el Retargeting: Mantenerse dentro de las Directrices Legales y Éticas

Las campañas de retargeting son una herramienta poderosa para llegar a los clientes que ya han demostrado interés en tu empresa y fomentar su compromiso aún más. Sin embargo, es esencial asegurarse de que tus campañas cumplan con todas las directrices legales y éticas aplicables. En este capítulo, repasaremos la importancia del cumplimiento en el retargeting, los requisitos legales que deben cumplir las campañas de retargeting y las estrategias que se pueden implementar para garantizar el cumplimiento de las directrices éticas.

Enfoque en el Cumplimiento en el Retargeting y su Importancia

El cumplimiento de las directrices de retargeting es esencial porque ayuda a preservar la confiabilidad de tu marca y protege la información personal de tus clientes. Las campañas de retargeting que no cumplen con las regulaciones pueden dañar la reputación de tu marca y dar lugar a sanciones legales. Construir confianza con tu clientela y preservar la eficiencia de tus campañas de retargeting son posibles resultados que resultan de adherirse a las normas legales y éticas relevantes.

Requisitos Legales para las Campañas de Retargeting

Las empresas deben cumplir con varios requisitos legales para llevar a cabo campañas de retargeting exitosas. A continuación, se presentan algunos requisitos importantes:

Las campañas de retargeting deben cumplir con las regulaciones de protección de datos, como el Reglamento General de Protección de Datos (RGPD) en la Unión Europea y la Ley de Privacidad del Consumidor de California (CCPA) en Estados Unidos. Antes de que una empresa pueda recopilar y utilizar los datos personales de sus clientes, estas regulaciones requieren que la empresa obtenga primero el consentimiento de los clientes.

Estándares para la Publicidad Las campañas de retargeting deben cumplir con los estándares publicitarios, como las pautas establecidas por la Comisión Federal de Comercio (FTC) en Estados Unidos. Debido a estas pautas, las empresas deben revelar cualquier contenido patrocinado y asegurarse de que sus anuncios sean honestos y no engañen a los clientes.

Las campañas de retargeting deben cumplir con las restricciones de edad, como la Ley de Protección de la Privacidad en Línea de los Niños (COPPA) en Estados Unidos. Antes de recopilar información de niños menores de 13 años, estas regulaciones requieren que las empresas obtengan primero el consentimiento de los padres de los niños.

Métodos para Mantener el Cumplimiento con las Directrices Éticas

Al desarrollar y ejecutar campañas de retargeting, es esencial actuar de acuerdo con los requisitos legales y las directrices éticas establecidas. A continuación, se presentan algunos enfoques que se pueden utilizar para mantener el cumplimiento con las directrices éticas:

Ser Transparente: Mantén un diálogo honesto y abierto con tu clientela existente acerca de tus esfuerzos de retargeting. Debe quedar perfectamente claro que estás utilizando anuncios de retargeting, y también debes proporcionar información sobre la recopilación y utilización de datos de los clientes.

Los clientes que no deseen ver anuncios de retargeting deben tener la opción de darse de baja, y esta opción debe estar a su disposición. Es importante respetar las preferencias de los clientes y proporcionarles instrucciones claras sobre cómo darse de baja de las campañas de retargeting.

Los clientes no deben ser perseguidos con anuncios de retargeting; esto se conoce como "acecho". Debes limitar la frecuencia de tus anuncios y evitar mostrar anuncios a personas que ya han comprado productos o servicios.

Mantén tus Anuncios Relevantes: Asegúrate de que tus anuncios de retargeting sigan siendo relevantes. Evita mostrar anuncios genéricos o no relacionados con el comportamiento del cliente y, en su lugar, muestra anuncios relevantes para los intereses del cliente.

Ajusta según sea Necesario: Asegúrate de monitorear regularmente tus campañas de retargeting para asegurarte de que estén cumpliendo con todas las normas éticas y legales relevantes. Realiza los ajustes necesarios en tu estrategia para permanecer en cumplimiento con estas normas.

Cumplir con las regulaciones sobre retargeting como parte de tu estrategia de marketing

La incorporación del cumplimiento en el retargeting en tu estrategia de marketing es un paso esencial que se debe tomar para ganar la confianza de tu clientela y proteger la reputación de tu marca. A continuación, se presentan algunas sugerencias que pueden ayudarte a integrar el cumplimiento con el retargeting en tu estrategia de marketing:

Autoeducación: Es importante que te eduques sobre las directrices legales y éticas que se aplican a las campañas de retargeting en tu región. Mantén un conocimiento actualizado de cualquier modificación que se pueda realizar a estas directrices.

Prepara a tu Equipo para Enfrentar: Brinda capacitación a tu equipo de marketing sobre los estándares legales y éticos que deben seguir para las campañas de retargeting. Asegúrate de que sean conscientes de la importancia del cumplimiento y los pasos a seguir para mantenerse en conformidad con estas directrices.

Asegúrate de que tus Herramientas Cumplen Siempre asegúrate de que tus herramientas cumplan con las leyes y estándares éticos vigentes. Utiliza herramientas de retargeting como aquellas que proporcionan opciones de exclusión y cumplen con las regulaciones de protección de datos, por ejemplo.

Mantén una Vigilancia Constante sobre tus Campañas Debes mantener una vigilancia constante sobre tus campañas de retargeting para mantener el cumplimiento con los estándares legales y éticos. Mide la eficiencia y el éxito de tus campañas con la ayuda de herramientas como la analítica y los comentarios y sugerencias de tu público objetivo.

Realiza Cambios en tu Estrategia Realiza los cambios necesarios en tu estrategia de retargeting para asegurarte de cumplir con todas las regulaciones legales y éticas aplicables. Optimiza tus campañas con la ayuda de datos y retroalimentación, al mismo tiempo que te aseguras de mantener el cumplimiento.

En conclusión, asegurarse de que las campañas de retargeting cumplan con las normas es una preocupación esencial para cualquier empresa que utilice esta estrategia de marketing. Las empresas tienen la oportunidad de fortalecer sus relaciones con su clientela y mantener la eficiencia de sus esfuerzos de marketing cuando siguen las directrices legales y éticas. Es esencial educarse a sí mismo y a tu equipo, utilizar herramientas que cumplan con las regulaciones, monitorear tus campañas y ajustar tu estrategia según sea necesario para mantener el cumplimiento con las directrices. Con estas estrategias en su lugar, las empresas podrán utilizar campañas de retargeting para llegar y comprometerse con la audiencia a la que intentan llegar mientras siguen cumpliendo con las normas éticas y legales apropiadas.

| 20 |

Capítulo 20: El Futuro del Retargeting: Tendencias y Tecnologías Emergentes a Observar

Las campañas de retargeting han evolucionado hasta convertirse en un componente indispensable de las estrategias de marketing empleadas por muchas empresas. El avance de la tecnología ha dado lugar al surgimiento de diversas tendencias y tecnologías nuevas que tendrán un impacto significativo en el futuro del retargeting. En este capítulo, hablaremos sobre algunas de las nuevas tendencias y tecnologías que serán importantes para tener en cuenta en el futuro del retargeting.

IA y ML (inteligencia artificial y aprendizaje automático) Tecnologías emergentes como la inteligencia artificial (IA) y el aprendizaje automático (ML) se están incorporando actualmente en una amplia variedad de estrategias de marketing, una de las cuales es el retargeting. El análisis de datos y comportamientos de clientes, la personalización de anuncios de retargeting y la optimización de campañas de marketing para lograr máxima eficiencia son posibles con la ayuda de estas tecnologías para las empresas.

Por ejemplo, la inteligencia artificial se puede utilizar para predecir qué clientes tienen más probabilidades de convertirse en clientes de pago en función de las características demográficas y los comportamientos de esos clientes. Esta información puede utilizarse para crear anuncios de retargeting personalizados que se ajusten a las preferencias y acciones de cada cliente individual. Además, los algoritmos de aprendizaje automático pueden optimizar las campañas de publicidad en tiempo real ajustando las pujas y la segmentación para lograr el mayor número de conversiones.

Búsqueda por Voz y Altavoces Inteligentes Las búsquedas por voz y los altavoces inteligentes, como el Amazon Echo y el Google Home, están ganando mucha popularidad en la actualidad. Dado que cada vez más personas recurren a la búsqueda por voz para encontrar productos y servicios, las empresas deberán modificar sus campañas de retargeting para llegar a los usuarios que utilizan la búsqueda por voz.

Desarrollar copias de anuncios compatibles con la búsqueda por voz y palabras clave optimizadas para consultas de búsqueda por voz es un enfoque para lograr este objetivo. Los usuarios de altavoces inteligentes también pueden ser objetivo de anuncios de retargeting específicos para su ubicación, intereses y comportamiento al dirigirse a ellos con anuncios relevantes para esos factores.

Realidad Aumentada La realidad aumentada (RA) es una tecnología relativamente nueva que ya está siendo implementada por algunas empresas para mejorar la experiencia general que brindan a sus clientes. Los clientes podrán visualizar más fácilmente los productos en su propio entorno antes de realizar una compra si se crean anuncios de retargeting interactivos utilizando tecnología de realidad aumentada (RA).

Por ejemplo, una tienda que vende muebles podría utilizar la realidad aumentada (RA) para desarrollar un anuncio de retargeting que brinde a los clientes la oportunidad de visualizar cómo se vería un sofá en su propia sala de estar antes de comprarlo. Al ofrecer a los clientes una experiencia de compra más inmersiva, este tipo de anuncio interactivo puede aumentar el nivel de compromiso y la cantidad de ventas realizadas.

Personalización La personalización en el marketing ha estado en aumento durante algún tiempo, pero su importancia en las campañas de retargeting solo está creciendo. Los clientes esperan experiencias individualizadas y personalizadas que se adapten a sus preferencias y acciones, y las empresas que no pueden cumplir con estas expectativas corren el riesgo de perder negocios ante competidores que sí pueden.

Las campañas de retargeting permiten lograr la personalización mediante el uso de datos y comportamientos del cliente para generar anuncios dirigidos que sean pertinentes a los intereses de cada cliente individual. La ubicación del cliente, el historial de navegación y el comportamiento de compra pueden tenerse en cuenta al diseñar anuncios con contenido dinámico. Estos anuncios luego pueden ser mostrados al cliente.

Retargeting en Múltiples Dispositivos El retargeting en múltiples dispositivos ya está siendo utilizado por muchas empresas, y se prevé que desempeñará un papel aún más importante en el futuro del retargeting. Las empresas que pueden dirigirse a sus clientes en todos sus dispositivos tendrán una ventaja sobre aquellas que no pueden hacerlo, ya que los clientes utilizan cada vez más varios dispositivos para navegar y comprar en línea.

El retargeting en múltiples dispositivos se puede lograr a través de la utilización de herramientas como los informes de múltiples dispositivos de Google o la herramienta de atribución en múltiples dispositivos de Facebook, ambas diseñadas para rastrear el comportamiento de los clientes en varios dispositivos. Los clientes pueden luego ser presentados con anuncios personalizados basados en sus acciones pasadas y las preferencias que han expresado, sin importar el dispositivo que estén utilizando.

En conclusión, el futuro del retargeting luce prometedor, ya que hay muchas tendencias y tecnologías nuevas en el horizonte que moldearán la forma en que las empresas se comunican e interactúan con sus respectivas audiencias objetivas. En los próximos años, será importante estar atento a varias tendencias y tecnologías, incluyendo la inteligencia artificial y el aprendizaje automático, la búsqueda por voz y los altavoces inteligentes, la realidad aumentada, la personalización y el retargeting en múltiples dispositivos, por nombrar solo algunas. Las empresas que puedan adaptarse a estas tendencias e incorporarlas en sus campañas de retargeting estarán en una mejor posición para lograr el éxito en el competitivo mercado en línea.

www.ingramcontent.com/pod-product-compliance
Lightning Source LLC
Chambersburg PA
CBHW031228050326
40689CB00009B/1520